AF599912

Memoria y no

RAYO AZUL
POESÍA

RAFAEL SOLER

Memoria y no

HUERGA Y FIERRO EDITORES

Colección dirigida por Óscar Ayala y Enrique Villagrasa

37

HUERGA Y FIERRO EDITORES
C/ SEBASTIÁN HERRERA, 9
28012 MADRID (ESPAÑA)
TELÉFONO: 91 467 63 61
E. MAIL: huerga@huergayfierro.com
WEB: www.huergayfierro.com

PRIMERA EDICIÓN
MAYO 2024

SEGUNDA EDICIÓN
JUNIO 2024

DEPÓSITO LEGAL: M-10304-2024 - I. S. B. N: 978-84-128506-2-8
IMPRESO EN ROMADAC INDUSTRIA DEL LIBRO
IMPRESO EN ESPAÑA

MEMORIA Y NO

Toda una vida te lleva ser mortal

Aún por estrenar llega su voz
anuncio y profecía
temblor para el desnudo

¿a quién llama
el vencido de pecho?

mirad cómo va con las abejas
y su polen esparce
por miedo a no saber

con dudosa aplicación
se dispone a mal vivir
para su bien morir

por patrimonio una mudanza
por cómplice su escudo
por fosa el largo día

lento animal
así en más venido a menos
desde su altura cae

nada pregunta del que fue
nada sabe del otro que será

almuerza suda se desdice
a dos manos urge
la llegada de las sombras

y atónito descubre
los restos de una hoguera

dejadle así
abrazado a su urna
hasta que llegue al mar.

Memoria...

1. A reloj candente podríamos decir

PARA UN RETRATO DEL QUE VIVE ENFRENTE

Hagámoslo sencillo // acomode su temor en el diván de felpa / deje escapar si ello le conforta / un suspiro leve que nada delate de su angustia // cierre los ojos // cierre si prefiere y algo ayuda / el portón de la desesperanza / dejando al otro lado / cuanto citaremos luego // y así dispuesto / suponga que encuentra algún cordel de antaño // nada grave entiéndame // apenas un hilván que con otros conduzcan / al pupitre olvidado de su infancia // al beso aquel que interrumpió la lluvia // los sones por ejemplo / del mar al estrellarse / en el paciente envés de la escollera

suponga pues que todo fluye / que dóciles acuden / lances citas rostros vericuetos / algún olor y su antesala / la voz de aquel bribón / que jamás le prestó su bicicleta // imagine / que por fin reconfortado / regresa a sus afanes / cepilla del pánico la boca / procede a su ingesta cotidiana / de píldoras azules / dicta al espejo su lección / y saluda al que enfrente / hace de su rostro / tan al suyo parecido / inútil parapeto

suponga ahora / que apagando la luz / enciende la memoria y repita conmigo agradecido

puedo hacerlo
puedo hacerlo
puedo hacerlo

y dando un paso más / imagine que yo pasé de largo /que usted en lo suyo prosperó / que sus carpetas siguen numeradas // cada nombre en su afán / cada rostro a la altura de su historia / cada parque con perro / en el lugar de siempre // y que así constituido / así municionado para el día / sale trisca baila desayuna // y tiene el saludo su armazón / los pies un porvenir // y la charla esos silencios / que son asentimiento / compartida tregua / nunca obnubilación o duda

ahora imagine / que por una vez sensato / escribe en un folio su verdad / acepta cuanto al trote viene / hace del fármaco costumbre / y de la ira un trastorno que a otros pertenece // ¿no sería más leve el trascurrir del día / más amable la charla con quien sabe / que usted no sabe lo que sabe?

lleguemos a un acuerdo / que prometo respetar / si me respeta // acepte usted este lavado / que página en blanco dejará su historia // y yo / atenta a su declive / entre sorbos de café / y cantos a la higuera

apagaré la luz
sin que lo sepa.

PERMITA AHORA QUE VUELVA EN BUSCA DE LOS NOMBRES TACHADOS EN SU AGENDA

A mi tarea aplicaré
el empeño feroz del funcionario
haciendo un intruso del vecino
y apenas un compás el hit parade
que le hizo cambiar de domicilio
y de mesa

al norte de su izquierda el canto
al sur lo eternamente mudo
al este en su cuna un serpentín
al oeste qué

y ahora
por dar tregua a esta admonición
permita que renuncie

y por un instante
cambie de alacena
dejando cada nombre
a un rostro bien cosido

disfrútelos

y nada reproche
cuando cumplido el don
abrazo paseo y biografía
viajen con usted camino del olvido.

Para hacer de su marcha un anticipo

Ice del ojo la bandera
y pase despacio a su interior

encontrará así
a quien pasmado observa
la vida transcurrida

mirar es comprender
y el iris su navaja.

Empieza el tiempo de descuento

Llega el instante
de dar tinta y papel
a su memoria

por coito un monedero
por tertulia un soliloquio
por abrazo en soledad los hombros

así templado y desprovisto
baje el mentón
perdone a los iguales
escuche del afín las cuitas

cuestión de léxico encontrar
la meta del verbo y del afecto
volver por las afueras
al dentro perentorio

átese
prosiga su cochura funeraria
dé sustento a lo perdido

estamos con usted
saldrá indemne.

2. *Limpieza semanal con un cuchillo*

Una cuna tan parecida a un barco

Álzate memoria / y dime si así / en buen perdedor constituido / tendrá mi jornada otro tamaño / al abrigo tan solo de esa luz que irradias / en tus horas de asueto // háblame en buena vecindad / pon a la mesa loza canto y charla / los afanes de quien hizo / un plato de sopa con mi hacienda // desnudaré el corazón / para hacer del mar escaparate / del sol un avatar perplejo / del torpe caracol ensimismado / triste furgón de blanca nieve

pero cómo salir de aquí / cómo romper el abrigo / de este casco facial en calavera.

Por si estos versos, madre, te alcanzaran

En pie de paz mi lengua estrena
de tantas voces la saliva

se acomoda en su bóveda celeste
saluda a los dueños del abrazo

sin tregua ni horario por nacido
entona mi garganta la canción
que llevo dentro

y por dar lumbre a la baraja
ofrezco al intruso los hoyuelos

al guardián de nuestro árbol
casi el pasmo

al dedo que aferro como un mástil
la explicación del mundo

achica el agua
quien ahora en sus brazos
me sostiene

crecerás en esta casa

estampa así
de dos que son
para hacer de la tarde
compañía

avanza un pantalón por el pasillo.

Reina de las mariposas

Por residencia un capazo
por futuro las ruedas del triciclo
de siesta en siesta
el vuelo de una mosca

toca mi madre
la mano que ahora ofrezco
y es ella la que dice
que nunca morirá

gota candela y delantal
cuando abro los ojos
al fondo de la cuna

y no está.

¿PARA QUIÉN EL PORVENIR CUANDO PERECE?

A la manera del cuerdo
describiré la escena

campo de vides
en su verdor extremo

silueta al fondo
de algo parecido a una montaña
y es una montaña

un infante avanza
vestido en el saco que acarrea
la cólera del hueso

canto de chicharras
por dar al ambiente
un toque de verano

discurre el año de gracia
en que todo aconteció

algo que el infante ignora todavía
algo que saben las chicharras
por sensatas

algo que una vid intuye
y cuenta a su vecina

verano pues

un infante
en su edad aproximada
prende la tos de un cigarrillo
escupe al vitral de las avispas

¿soy yo quien habla?
¿dónde la pluma
que haga el instante perdurable?

y cuando llegue esa tenia
que llaman plenitud
con su argucia alimentaria
y su pretil a mano alzada

¿cómo seguir en esta dicha
que es consumación y anhelo?

ahora que imploro
tan antes del después
una palmada
en los puntos suspensivos
de mi historia

botón para el asombro.

Permitidme empezar por el final

Y que nadie finja
el socorro de un desmayo

precisamente ahora
que cobra el paisaje
su antigua exactitud

y una alfombra de moras
extiende ante nosotros
aquel olor primero
que perdura

la tapia
el grillo y sus gemelos
cada tos del buen cañaveral

así todo en su lugar
cuando aparecen vagabundas bicicletas
canción de sus bocinas
luz agosto

llegan
hasta el amigo que fui
junto al balcón del mar

y yo ofrezco con mi abrazo
la petaca

brindemos pido

mientras alzan codo y voz
con la triste convicción
de los fantasmas.

Pocos tienen un hermano con alas

Ese que tanto acompañó
en la incómoda litera
nuestro primer silencio

sin escamas
discreto en su parar humilde
brazos abiertos para el frío

párvulo también
cuando dijeron que era la vida
un asunto personal y transitorio

un tipo insobornable
tenaz en su infortunio
alma en busca de los suyos

que apareció un día
con un libro de salmos
corto de hambre y sin costuras

y vuelve ahora a visitarme
en son de paz su voz primera
alegre el mentón alto de boca

bienvenido
bienvenido
¡bienvenido!

y usted no se incomode
si en este verso afirmo
que tiene también
un transparente

el suyo
vendrá cuando le llame

bastará
con alzar los ojos
en busca Juan Víctor de su nombre.

Todos los derechos reservados

La primera vez que besé
así como al descuido
a una mujer de talla entera
nada singular aconteció

ni semáforos en ámbar detenidos
ni desfile marcial de nuestras tropas
ni tan siquiera un leve sarpullido

en soledad con la revista
ella estática ofreció
sus labios couché que no se abrieron
dejando en los míos de cartón
un hueco

después llegó
la señorita del bikini verde

color y miel la foto
que descuidé a Tomás
ajeno a mi idilio prestado
con su novia

y me contuve

a buen recaudo su saliva kodak
en esta cartera que siempre
me acompaña

happy hour dos por uno
en el muy ponderado salón
de los espejos ciegos

¿dónde ahora tú?

letrada quizá de altos tribunales
madre feliz disfrutando la provincia.

Estación Término

Puntual a nuestra cita acudo
y desde las piernas de mi altura
contemplo los penachos blancos
el camisón de hierro cuando avanza
hasta posarse en el andén
con la solemnidad de una ballena herida

trae entre sus bielas
los sones de un paisaje que otros visitaron
y cazador a la espera enderezo el dorsal

puntuales cruzan
de maleta y gabán bien pertrechados
comparsas que a la ciudad acuden
la danza frugal de los paraguas
y una pareja kilométrica

cierra un altavoz la escena
no es hora aún de su descenso

no es hora aún acéptalo
de su descenso

volveré a madrugar
ella vendrá.

Obedezco las órdenes del pecho

Y digo al pulmón
que mi canto acompañe
como si fuera un grito

degollaron la tórtola
han nacido números
donde prendimos fuego

diciéndome que el dinero es sucio
que todo merece ser abierto
a la hora del postre en esta cena
que otros pagarán al recordarnos

y costurero mayor
el frío pide ahora otra botella

me apuraré

el arte de la fuga
requiere mucha práctica

y en la barra espera
un torpe redentor
con mi cuchillo.

Primera puerta al frío

Si traes tabaco no me ofrezcas
ha dicho al llegar a nuestra cita
precisamente hoy que el mar no canta

está sentado enfrente
con la expresión del fuego
al despedir la hoguera

y luminoso en su raíz oscura
cuando el silencio acabe
atenderá mis cuitas

mi abuelo morirá
amasado de risas y consuelo
también sobre esta mesa

un hilo de oro en busca de calor
y mi quehacer de hormiga adivinando
el oscuro entresijo de su boca

pero hoy que estreno lo que viene
y no canta el mar
disfrutaré su lento decir sabio

y listo para el viaje
le compraré tabaco.

Y TODO, PARA HACER DE NUESTRA VIDA EL INVENTARIO

No hable el joven
que jamás pisó la raya
de frente a cuanto quiso
dictar el porvenir
y era una espuela

no hablen las espuelas

ellas saben ellas conocen
dando brío al débil
ademán de héroe
luego las estatuas

no den voz así lo pido
al ecuestre y sus palomas
pedestal para una cita
con jóvenes erasmus
femenino singular
sandalias

cintura pedestal espuela
niña paloma porvenir
callaos

y el ay de las agujas
y las cuentas que cerramos
con un cero

y los ceros que vinieron
tan callados.

Nadie nos vio, quiero pensar

Bienaventurado el que traiga
el reino de los cielos en agosto

la tersura del vientre
los pechos primerizos
de quien tanto amó
y poco tuvo

pido perdón por aquel día

pero que siga cerca
el vuelo de su pierna

y las cerezas.

Y LUEGO ESTÁ EL GRAVE ASUNTO DE LOS ECOS

Esos tigres
de fósforos prendidos
que al empezar el día me acompañan
con un atril de toses y de sombras

tuya es la culpa

y en su mandil ofrecen
asuntos principales

tuya es la culpa

para que luego digan
que una voz nace tullida
que todo pudo ser mejor
si lo proclamas

tuya es la culpa
tuya la culpa

cada uno en su rincón
con el menú del día

adiós
pásame la servilleta

mañana será su aniversario.

Sueño o asedio, te pregunto

¿Qué fue de aquella novia escarlatina
acogedora vulva en su arrebato
labio flotante del corazón al cuello?

¿qué de tanto ortopédico decir
difuso almidonado nácar?

la poquedad del miembro
cada rincón hollado
sin adelantar mi recompensa

el yunque
palma abarcadora
su aliento a prisa y a galleta

y luego un zumo acre
un decaimiento bucal
de lo vivido

trámite obligado
al cerrar los ojos y escucharla

así la íntima derrota
así los dos que fueron
y a su rincón acuden

pies en busca de calor
los circunloquios
la dueña del ojal

su veredicto.

Así conmigo cuando digo

La vida que ocupo
es casa tomada
espejo cuartel para tenerme

y allí
entre la nada y más
las voces que pidieron labradoras
dar paso a un joven al mío parecido

en la solapa un dandy
por desayuno el viento
copa y abrazo al que primero alcance
la vana gloria efímera
y sus secretos de urinario

recuerdo
que alguien las medallas puso
junto al fuego

y de mejor perecer con los humildes
hubo quien hasta disculpó
la soberbia del vate
su destemplanza

ahora
más entero
justo de hacienda y escaleras
tan solo pido
un verso en sazón de Luis Cernuda

lo que queda
después de los aplausos.

Bastará un lápiz de largo recorrido, carmín en edad de merecer, el junco que dijo conocerme

Y así ante el folio erguido y apostado
de las cercanas dejo tacón escote y peca
persevero cuando alguna se alza en rebeldía

pero que nada turbe ahora mi empeño en recordar
aquel bañador lycra vacuna de viruela
sin alambres vestida para empezar la fiesta

ella
melocotón y risa
mi única primera.

Nada como el barro

Entre espada y pared
un brindis al descuido

ese giro que despide
al dueño del candado
por una vez sin atributos
su estrecha voz amenazante

carne de presidio cuando dices
fueron años
de apenas unos meses

crecido el desamparo
y un cuervo por paloma
a la hora del postre hociqueando

cinco tenedores sala vip
filet mignon al grito de *¡cuaresma!*

una cría en sus medias enfundada
que atiende por *Loreto ven*

dispuesto el labio embaucador
para un desmembramiento procaz
entre dos bocas

y arriba
enteramente nuestra

Marilyn.

En blanco el corazón, y tu diario

Decíamos un lápiz
curtido en lances secos

un lápiz carmín con sus polillas
su claxon metafísico
grafito sacapuntas

¿a qué esperas?

los lápices no beben
ni cruzan las piernas al sentarse

pero saben dar lustre a lo vivido
haciendo de la noche
un soliloquio

vamos
empieza

pensar en ella
cuando ya todo es profundo

pedir al lápiz que no escriba.

Robáronme la puerta

¿Encontraré voz para decir
que lo errores de ayer son humo negro
el salivazo del cisne?

quien llama paga
quien pide se retrata
quien tarde comparece no se queje

eso aprendí mecido por las olas
otro escocés con hielo al presidente.

¿Merezco un poco de esperanza?

Qué reivindica la austera chimenea
dónde el canto que entusiasta repetía
ha llegado el verano ha llegado el verano

y qué sino celebración alta vigilia
el parco deambular de quien al paso vino
y cabal se desdobla en cuanto quiso ser
y cuanto toca

quedará el consuelo de las tareas leves

desperezarse
como hacía el gato Nicolás

desesperarse
como abuelo al madrugar

ahora que cierran
del futuro las esclusas,

y comprendo que la infancia
como el pan
también claudica.

La parte izquierda de mi nombre

Hijo legítimo de un cóndor
en sus alturas puse
la ira del justo al recibir
por abrazo un jardín botánico
por ánimo la espalda
por recompensa una chumbera

soy de bien agradecer
las horas que queriéndonos pasamos
atento él por si decía yo
pendiente yo por si dijese él

y reconozco
nuestra legal circuncisión ante testigos
hambre de un día coraza capitán

de su zapato al mío
todo el reprocheamor
que no dijimos.

Todo cuanto sea historia y biografía

Hablemos pues de lo pendiente
enagua de ancho vuelo que acompaña
esta indagación de la nostalgia

zarpar herido
algo que brille y me conmueva
el temblor que anuncia una farola

diríase que vuelven los aquellos
de viva voz buscando en cada charco
el río que fundaron

¿dónde el turbio colegial
los desaires de plata en su asidero
el mazo de ira bien armado?

leves ya de cuerpo
a su manera díscolos conclusos
piden sitio y voz
donde antes dejaron altaneros
un caimán

piadoso astuto olvido
lugar para el encuentro
con cuanto soy y comparezco.

Aconteciéndome pues en otras bocas

A dos voces mi destierro
el redondel donde cayeron
niños de acérrimas costillas
los profesores del sollozo
los malnacidos y los malos moribundos

los pálidos
también en su esqueleto los pálidos solemnes
que ultrajaron de mi casa la camisa

bebe una libélula en los charcos de agosto
caen del capazo más ciruelas
cierra un blanco pañuelo la quijada del muerto
gime de gozo una extranjera en su butaca

todos así
a socorrer al tibio vienen
con su violencia célebre

precisamente ahora que me urge
el buen decir de los abrazos.

A LA ESPERA DE ESE TRÁMITE MENOR QUE ALGUNOS CONFUNDEN CON MORIR Y LOS MÁS NECESITADOS LLAMAN SALVACIÓN DEL IMPERFECTO

Pero este mal venir de sangre antigua
a la hora del corro

la anciana con zapatos de piel dura
que vendía tabaco y gasolina

los jinetes al fondo de la plaza
bajo un cielo de moscas y de agravios

letanía tronante de las once
lenguas primordiales
las herraduras

todos a saludarme vienen
testigos que fueron para el fuego

pasad

pronto seré ave amarga
pan y sarcófago en su nicho.

Toca empezar por donde acaba

Siempre hay una canción para un poema
y un poema quizá para el que viene
de luces prendido a saludarme

el reloj del comedor
que por todos hablaba con su siesta

la chica de las gafas
que olía con perdón a trementina

el secreto de la vida eterna
alivio Señor a mis pecados

y los eternos secretos de la vida
gracias esther por desvelarlos

los arrabales del vodka
la hora precisa
en que nació james dean

el otro que conmigo amanece
y nos despierta

cada rincón hollado
por la botas del hambre
y por las mías

escombro y cuarentena
agrio piafar de lo perdido.

QUEDAMOS SEIS, Y ÉRAMOS CINCUENTA

Sobre el mantel un pájaro
detrás de las cortinas
cuanto fuimos

¿quién alzará sin temor su copa?

brindo con vosotros por el fuego
y los diez alambres que cortamos
cuando era hermoso el peligro

el abrazo tostado del café
los relicarios

¿quién nos hizo forasteros?

no sabemos
qué acero al levantarnos
qué prisión de lo vivido

mata fumar

a mano alzada necesito
por bien seguir
humo de recuelo.

Azorados en su decir menudo

Como por sobre el hombro
en falsa quietud correspondida
escucharé sin débito ni queja
el clamor de los ausentes
marcha funeral destino y copa

¿hicieron pleito con la cocina a oscuras?
¿quién puso su amor en una lata?
¿tuvieron quizá la suerte del humilde?
¿pagaron sus cubiertos?
¿maldecían?

¿alguna vez lloraron en retina de dos
para salvarse?

cómo iba yo a desdecir su testimonio
balbuceo del que urgente llega
y urgente se desdice

aquella joven que dijo ser mi viuda
el desdén correspondido
los tres socios pelícanos
la puñalada

cómo no atender sus pleitos de ceniza
si a mi llamada acuden
con el sudario puesto

aflójense
iniciemos la ronda
en presente compasivo

rueden cabezas
carguen sus pistolas
con atención escucho
tiempo tengo.

Usted bien merece un estado de conmoción lírica

Huyendo de mis pies
así parado de tanto trasegar
el benéfico alcohol y sus veredas

un brazo
la hacienda que no tengo
y los versos que vendrán daría
por las barras de ayer

pero descansemos hermanos

venga a nosotros la bendición del alba
en posición descanso botellas y butacas
el alto taburete de los tacones altos

descansa coctelera sabia
descanso para ti salubre tónica
descanso nuestro hermanos

descansad

tanto exceso
tanta áfona garganta
tanto hijo de dios con hielo
en vaso ancho

arriba el corazón nuevas las copas

¿nuevas las copas digo?
¿arriba el corazón?

vivir beber
¡volvamos!

La vida en este extremo

Y más nunca
este hipo del corazón en sus adentros

primera puerta al frío
paradoja del que mucho amó
sin entregarse

vengo
uno por uno a descontarme
acera impar de mis errores

expedición por el estiércol
arriba de mí por si encontrara
un halcón balcón para llevarme lejos

a la mala también y de avería
tanto brindis a la izquierda del zurdo
doliéndome la dicha
desamparo así comprometido
con quien poco paga y esconde su grandeza

bajen puños los armados por amados
desista en su empeño
el humo celeste que me envuelve

soy de limpiar la daga
después del sacrificio
y con astillas reconozco
mi hora del gallo

quiero decir

este modo torpe
de dar lumbre a mis excusas
perdón

a quien teniendo perdió
y no se tiene
perdón

a la raya que pisé
y a sus hermanas todas
perdón

perdón
al que esconde
con su perdón el mío

de prevenirme vengo
compuesto estoy y sigo

dormid tranquilos.

Y SI FUI LO QUE HICE, ¿SERÉ LO QUE ESPERAN?

Renuncié a los viajes subsidiarios
que hicieron del mar su cartapacio

renuncié y me arrepiento
al don recreativo de una nalga
a la costura del pan cuando sonríe
a los bosques australes
y su bostezo verde

calla el anciano su hipo manifiesto
calla el tic del reloj su tac perpetuo

y en este caldo de mudas toses agrias
apenas queda un eco que tenaz repite

ser con los tuyos
para contigo ser lo que pedían

vano empeño volver a los orígenes
alzar pecho y voz como antaño alcé
mi petición primera

de barba impoluta listo para el día
seguro servidor de otro cuaderno.

No son horas, querido, ni estas las maneras de buscarme

Ese que bien conoces
con su labio escaleno
sus tréboles marcados
y su ancho decir condescendiente

ese otro contigo que soy yo

canción de un día
danza underwood
metáfora olivetti

hablará por ti sin conocerte

dijo el poema.

...Y NO

3. *Pabellón cinco, al viento los manteles*

No tienes nombre, dicen

Pero ya en la quinta elegía / pidieron un mantel para anunciarte / crecida en tu misterio // arañas en la punta de sus hilos / pífanos tambores chirimías / para el ávido pulpo que a devorarme llega // sé de lo que hablo // harás de la tarde cementerio / del error crepitación universal / del paño que habla su bayeta

olvido y su memoria
pasad

¿dejarás así al perdido? / ¿tanto aborreces / al que siempre contigo amaneció? // soldado del aire / en busca de su sombra / ¿dónde el pájaro que ayer / sus pies posó junto a los míos? // y esa discreción de las bandejas / colmadas de hambre y de socorro

en cuanto a mí / vencido por perdido / dejaré de madrugar bien lo sé // coxis / fémur melancólico / rumor de hojas que en su decir cabalgan // abrazado a la noche con mi almohada

¿son ya las nueve?

A recogerme llega, y mal venido

De buen hacer su parecido a pasolini
pobre error mío si dijera
que le embarga la piedad

a paso de estraperlo viene
y por un breve escalofrío reconozco
al anciano que seremos

no se me apure
prepare su maleta

desprovisto de reglas me retira

y para mi ser heroico
ofrece un brazo celebrando
la puntillosa cita

fraternal saludo a la hora de firmar
en el libro sagrado de las desapariciones

deme su mano
le trataremos bien.

Torpe como el alma
que dicen ahora me abandona

Todavía de espaldas a mi rostro
tiro los dados preguntando
cuándo cavarán el pozo
quién abrirá del barranco las trompetas

alto precio apurar el caldo
donde ajenos se zambullen los proscritos
este corto paseo hasta la luz de enfrente

misericordia misericordia misericordia

amable lazareto
pabellón cinco de los desesperados

puedes pasar
nosotras cuidaremos de tu llave.

Conteste el ángel si se atreve

Y no es ayer cuando pusieron
el zumo agraz de tantas despedidas
en esta febril circunscripción

pabellón cinco de los desesperados
ortográfico decir en suspensivo
para empezar el día

tanatorio vallejo abrázame
padre tijera abrázame

hilo del corazón en mis adentros
cachirulo colorado
amable soga

buscadme aquí

celebración de la intemperie
cuenta y canción del que tanto perdió
para tenerse.

Del cabecero al baño

Con mérito poético
con falsa mansedumbre
haré de mi estancia cetrería

y en tono menor
daré a mi confidencia
ese lenguaje sencillo
de un mal neruda

queremos conocerte
cuéntanos

hablaré
ensalivado
y sin mojar un verso
de la noche amable
y su chistera mágica

escríbenos si quieres

sensual caligrafía
cáliz que late sumergido
ahora que abren las cortinas
y olvido por un rato
la ternura.

Con escaso margen soy el que debiera

Y por dormir de espaldas sigo
con los ocho fantasmas de mi techo

a la ducha

la treta final de tito el pelirrojo
decayendo erguido entre las olas

el abrazo sin brazos del dos al despedirse
atento con su alambre el celador

el tres de aquella
que perdió su abrigo en el portal
y sumaba acusaciones

ahora el jabón
tú solo

por cuatro y no enumero
el dislate de dejarla

por cinco
la lógica aromática
de buscarla en otros cincos

el pelo campeón
vamos con el pelo

seis su espléndido lunar
en el tobillo puesto

por siete el seis de nuevo

sécate
nosotras te vestimos

por ocho octavo linealmente
la pastilla serial del desayuno
sus modos funerales

así
muy bien
abre la boca.

Este anuncio en vano
para el tablón de anuncios

Buzo de vocación tardía
escucho a los severos tributarios
batas blancas de satén vestidos

de tanto arcángel
dispuesto a compartir pánico y diván
¿quién quedará cumplido el día?

narizotas de ancho porvenir
¿cuál de vosotros
cuidará mi desamparo?

ofrezco
un salario premium
para dedicación completa
media jornada en días de partido

santa oblea misericordia mundi

monótono decir
del que descalzo salió
a pasear el patio

imprescindible referencias
buen carácter
y tabaco.

Músculo y cerviz junto a la entrada

Y en este mal quehacer sobrevenido
bajo el apremio de una grave palpitación
sumidos en oscuro silencio mis años
y los muebles

manifiesto
mi acatamiento para seguir perdido
limpio el cucharón de la discordia

y conste
la tibieza del pecho en su casaca
este babero de penas y silencio
en las ramas del polvo.

Digo tu nombre como antes dije axila

Sorda niña
no es impostura
este buscar en los rincones tuyos

sábana que cubre
la perpetuación de mi esperanza

flaca cintura
sombra y pasadizo mío

¿abro la puerta?
¿cumplo mi asedio
con cinco golpes leves?

¿silbo?
¿finjo conocer
de los otros el destino?

caricia de nadie al acostarme
voz de aquel que poco dijo
y resultó ser un cometa

algodón y sueño
mientras sigue el hacha
levantada

pregúntalo
dime quién soy.

Para azotar el aire esta palmada

Llave gaviota del que fui
y no conoce

intruso de una imagen
a la mía parecida

saluda al sol
ponte el sombrero

rito amable de uno en compañía
con el tabaco a cuestas

tienes
un jardín con voces
la salve que fue tu crucifijo

impar en mi silencio
obedezco por los senderos de grava

ignoran
sabelotodos a su jornal atados
que con el paso del triste
muy pronto alcanzaré la costa.

Algo de hiel para mi labio impío

Las calamidades del espejo
el borde de los días
llegar para volver

levántate
es hora del paseo

de bronce aquel pezón
en busca de mi boca

conjetura del siete por si viene
del nueve si me alcanza

¿cuál es la distancia
de vuestros pies al mío?

abrazo que cesa y parpadea
ángeles enfermos

descalzo el corazón
otra vejez queda por vivir.

Adiós digo en campana

¿Dónde el mar
en este escaparate balneario
aguas verdes con la canción del sapo?

mañana vendrán a visitarte

un arlequín una sonrisa
la mano de mi padre
a tanto alzado pasan

campanilla del vientre
blanco imperio de quien dice

es tu sangre
la que baja descarriada

así templado y desprovisto
cumple dar tinta y papel
a esta merma obscena de neuronas

acuéstate y no tiembles

escapulario orinal melancolía.

NOSOTROS NO ASPIRAMOS A UNA VIDA ESTABLE

Ojos de esparto
ahora que su Índice Mayor
imparte cucharones y justicia

alto precio apurar el plato de verduras
donde apenas se zambullen los cansados

y qué mi laxo silencio taciturno
ojo por ojo directo al almidón
que otros llaman corazón

te apagaremos la tele
hora de dormir

y de eso va todo.

Una tras otra bajando por la espalda

Lombriz de los presentimientos
áspid cántaro de semen
las diez culebras nonas del espanto

huéspedes así de mala cuna
que conmigo al borde llegarán
como quien canta o se aparea

colgadas de mi lengua
para bien callar cuando me digan

hombre de dios dónde te metes

hombre de dios soy
serpientes llevo

sabedlo.

SI ESTOY EN PIE SERÉ UN RELOJ

Caminando hasta el quiosco
las palomas dónde fueron

luego a la izquierda
perdóneme

¿la plaza?

no hables con extraños
su mano en la cabeza
decía quien decía

llegarás tarde

pero la plaza
a la izquierda
permítame pasar

veamos preguntemos

por favor
haría el favor de por favor
y cómo sigue

¿qué me mira usted
tengo monos?

colonia de lavanda
el delantal

ella no está.

La corta mitad de una cosecha

¿Quién dio lumbre a las heridas
cómo adquirieron los pobres de espíritu
su celebrada grandeza?

¿en qué lugar del cero
dormita el Alto Comisario
pletórico de salmos y de cuitas?

en mi reverso escribo
a mis tropiezos voy

te estábamos buscando

pero yo creo
en los ángeles custodios
nacidos así para nosotros

no son horas
ciérrate la bata.

A DOS ORILLAS PIDO

En esta noche atada
al soplo del cuerno que me borra
ahora lejano miserere
entonces canto y vida

en son de paz
a la hora del muerto

pido

cien chispas de menta
que conmigo en la boca
se diluyan

dejando al descubierto
los dientes primerizos
su espejo de sal

y esta condena.

Que nadie cargue mi pasado en un camión

Para ponerme en pie
acudo a lo que hierve
lento escalón de sucesivas piezas

a su alambique
a su vitrina preguntando
si oír una voz es aceptarla
si es masmorir reconocerme a oscuras

di
trampolín

deberían saber
tan ilustrados zafios
quién cierra lo abierto
cómo dieron conmigo los ajenos

vamos campeón
di trampolín

señor director
yo me valgo solo

¡tram! ¡po! ¡lín!

y usted está durando
demasiado.

Acaso un sueño, ahora

Citaré los ingredientes
por orden de salida a escena

una pérgola vestida de verano
copas para el brindis
cenizas escogidas

¿disfrutar lo que vives?
¿recordar lo que tienes?

viniste a mí
como poesía en la canción
bailábamos

a cenar

viento que sopla y aparece
oro secreto de la nada

¡a cenar!

¿dormir o rebelarse?

tortilla
sopa
pan.

Por conocer al nuevo forajido me di por justo demasiado

Hueso buscando su alambique
roce de botas en la niebla
caballo que agoniza
sol severo

y el coñac

quiero hacer
del corazón una campana
lo prometo

y consultar
el periódico del lunes
para salir al lunes

la playa el cine la moqueta
el secreto colchón fornicador
las costuras del pan cuando sonríe

quiero con permiso hacer de mí
un asunto remediable os lo prometo

que sea transitorio
este pasar página
sin páginas

abejita abejita qué buscas tú
del comedor al baño
mojado el pantalón.

Nacidas así para nosotros

Y qué hacen esas crías instagram
al otro lado del cristal
riéndose

el sol se fue
y yo cantando tu canción

a tiro de piedra
al romper la luz del agua

quién dijo
que durando te destruyes

amor
ya no corre sangre
por mis venas

qué alegre la música
qué jóvenes las crías
tan cerca de la vida

y esta cuerda cordel
de mi zapato
desátalo

no pidas ayuda
no te rindas nunca

y cuando el poeta dice nunca
quiere el poeta decir nunca.

TENGO UNA OJIVA NUCLEAR EN LA NEVERA

Así descalzo escribo
a letra corrida en el teclado

metáfora poética
del parque al dormitorio

planta cuatro
creo

habitación esquina doce
afirmo

en fuga las neuronas
caspa cerebral y nochevieja

toma otra serpentina
campeón

ignoran
que están en lo mejor de su peor
que también ellos perderán
lo nunca escrito

una pierna
o la mujer amada
y serán atados a una mesa

reíd ahora blasfemad

y así descalzo os pido
en mi escritura cósmica
que hagamos de la fiesta un carcelero

para juntos bendecir
dios nos asista
el año nievo.

Lo que quiero decir cuando me callo

Que profuso palié mi cuarentena
cuando al paso salieron
presuntos indigentes
y la sirena que sin daño
acompasó mi vida

que por amado sigo
en este colofón de turbios y enfermeras
dejando a buen recaudo
el entresijo burdel de mis neuronas

corazón filatélico tardío
¿quién dará con mi voz la despedida
cuando concluya todo?

¿quién eres tú
diosa calostro y corazón de plata?

ese collar perlado
esa risa albaricoque
ese lunar con blusa

anda pasa ven
yo te conozco.

La otra parte de mi nombre

Privilegio del besado por nacido
hijo de ti hasta la médula
madre burbuja escúchame
seré parco de palabras
cuando dejen de mirar

qué dices
qué murmuras
¡siéntate!

si pudieran
llevarse la mano al corazón

mi sístole diástole contigo
ahora que no estás

ahora que a ponerme vienen

sin saber médula madre
que en tu refugio estoy
y con tu almendra sigo.

Intuición de los peligros ciertos

Transparente quietud
perdón con el no amado
luz que viene copo a copo

obediente al día
apátrida me inclino
ante el exilio irremediable

tan solo el mar tiene memoria.

Caso cerrado

Entero llego
a la rueda de los antojos tristes
peticiones meritorias del oyente

venid y vamos todos
pero tú no

pero yo sí

sabed que extiendo mi sábana mantel
digo trampolín cuando lo piden
soy cauto al empezar el año nievo

pero yo sí conmigo todos
pañal en su intemperie

abrid la puerta por favor.

ÍNDICE

...Y NO

TÍUTLOS PUBLICADOS
RAYO AZUL POESÍA

Mar Benegas
Dije luz

Mercedes Escolano
Placeres y mentiras

Isabel Bono
Después

José Ángel Hernández
Pavesas y Lar

Juan Antonio Tello
En este momento que llamamos lugar

Isabel Tejada Balsas
Vikinga

José Manuel Lucía Megías
Aquí y ahora

Enrique Falcón
Trilogía de las sombras

Raúl Herrero
Ciclo del 9 (1999-2019)

Alejandro Céspedes
El aliento del klai

Beatriz Russo
La llama inversa

Luis Miguel Rabanal
Que llueva siempre

Regina Salcedo
Lo que dejamos fuera

Idoia Arbillaga
Creación y vacío

Leopoldo María Panero
La mentira es una flor

Antonio Méndez Rubio
Hacia lo violento

Mirko Lauer
Sologuren

Ruth Miguel Franco
Guerra

Alejandro Céspedes
La infección de lo humano

Severo Sarduy
El silencio que no muere

Juan Carlos Elijas
Padre polvo

Jorge Riechmann
Z

Concha García
Cuota de mal

Mohamed Hmoudane
Estado de emergencia

María Ángeles Maeso
¿Quién es se?

37

Esta obra
se acabó de imprimir
bajo los auspicios de
Charo Fierro y
Antonio J. Huerga, editores.

FINIS CORONAT OPUS